Christel Manske

Inklusives Lesebuch

Kinder mit und ohne Downsyndrom

Lesen – Reden – Handeln

Impressum

Bibliografische Information der Deutschen Nationalbibliothek
Die Deutsche Nationalbibliothek verzeichnet diese Publikation in der Deutschen Nationalbibliografie; detaillierte bibliografische Angaben sind im Internet unter `http://www.ddb.de` abrufbar.

Für Kinder mit Lernproblemen ist es unbedingt notwendig, dass sie im Spiel mit Gegenständen das Denken erlernen. Diese Gegenstände müssen abgebildet werden, damit die Kinder ihre Spielhandlungen erinnern können. Die Herausbildung des Gedächtnisses ist die Voraussetzung für innere geistige Handlungen, die die Grundlage für das sinnvolle Lesen und Schreiben ist. Ohne die Abbildung des Spielzeugs wäre der Lernerfolg der Kinder nicht möglich.

Wir bedanken uns im Namen der Kinder bei den Herstellern des Spielzeugs.

Helmholtzstr. 2-9
10587 Berlin
Umschlag: Bernhard Bönisch

Fotos: Christel Manske
Satz & Layout: Christel-Manske-Institut, Hamburg
Druck und Bindung: Elanders, Waiblingen
ISBN 978-3-96543-000-6 www.lehmanns.de

Inklusives Lesebuch

Kinder mit und ohne Downsyndrom

Lesen – Reden – Handeln

lehmanns media

Inhaltsverzeichnis

Einführung

Wir leben im globalen digitalen Zeitalter.
Die Reichen werden täglich reicher und die Armen werden täglich ärmer.
Die technische Kommunikation verbindet die Menschen und macht sie einsam.
Der Klimawandel bedroht das Leben der Pflanzen, der Menschen und der Tiere.
Länder, die Waffen verkaufen, sind reich. Sie verdienen am Krieg.
Viele Menschen sterben im Krieg und auf der Flucht.

Die Menschen, die nicht an Waffen verdienen, die sich nicht mit Gewalt bereichern wollen, sehnen sich danach, in Frieden zu leben. Sie möchten die Vielfalt von Pflanzen, Tieren und Menschen schützen.
Die Kinder diskutieren diese Fragen im Unterricht.
Jeder Gedanke findet Anerkennung. Jedes Mädchen und jeder Junge bemüht sich um das beste Argument.

Wenn Kinder gemeinsam Texte lesen und darüber sprechen, entdecken sie ihre unterschiedlichen Standpunkte und denken darüber nach.
Alle Standpunkte werden gewürdigt.
Die Kinder entwickeln auf diese Weise ein Bewusstsein von sich und den anderen Kindern, von ihrer Geschichte und der Welt, in der sie leben.
Sie entwickeln Selbst-Bewusstsein.
Alle Texte haben eine Botschaft. Die Kinder fragen sich, welchen Sinn diese für sie haben.
Sie fragen sich auch: „Was können wir tun?“

Vorschläge zur Texterarbeitung:

Die Blaumeisen

Die Geschichte macht die Kinder mit der hiesigen Vogelwelt bekannt. Sie lernen die unterschiedlichen Vogelarten kennen und benennen. Sie sehen einen Film, schauen sich Vogelbücher an, machen selbst Fotos im Park, im Garten, in allen Jahreszeiten. Sie bauen im Winter ein Futterhäuschen. Aus Blumentöpfen machen sie Futterglocken für die Meisen.

Die Fliegen

Wenn die Kinder lernen die Stubenfliege zu beobachten, staunen sie über das zarte Geschöpf, das so viel kann. Ein Professor der Biologie sagt zu mir: „Was ist eine Rakete im Vergleich zur Stubenfliege? Die Stubenfliege ist ein Geheimnis. Niemand kann erklären, wie sie den Salto macht, wenn sie sich an der Zimmerdecke niederlässt.“

Die Kinder basteln ein Modell der Stubenfliege. Sie lernen die Metamorphose der Stubenfliege kennen.

(Christel Manske: Parallele Texte: Inklusiver Sachkundeunterricht in der Grundschule. Lehmanns media, Berlin 2016)

Die Taube

Die Kinder beobachten Tauben. Sie malen sie, basteln sie aus Ton mit Federn.

Die Taube ist ein Symbol für den Frieden.

Sie schauen sich Picassos Bilder und Skulpturen an.

Sie denken über Krieg und Frieden nach.

Die Bananen
Die Kinder entwickeln Mitgefühl mit den Kindern und Eltern in Afrika.
Sie essen die Bananen. Sie malen sie. Sie symbolisieren sie aus Knete.
Der Maler René Magritte hat eine Pfeife gemalt.
Unter dem Bild steht:
„Das ist keine Pfeife."
Josi ist sieben Jahre alt. Sie denkt wie er.

Der Arme und der Reiche
Manche Kinder erfahren jeden Tag, dass ihre Eltern Geldsorgen haben. Andere Kinder bekommen fast alles, was sie sich wünschen. Die Kinder, die wissen, dass ihre Eltern z.B. für Geburtstagsgeschenke, Urlaub, Klassenausflüge, Sportverein, Klavierunterricht oder Theaterbesuche kein Geld haben, schämen sich. Es ist zunehmend ein Problem, dass der Verdienst manchmal so gering ist, dass die Familie an der Armutsgrenze lebt.

Die Rosine
Die Kinder schmecken Rosinen und Korinthen. Sie lernen, dass das getrocknete Weintrauben sind.
Im Rosinenkuchen sind sie eine Leckerei.
Die Lehrerin backt mit den Kindern einen Rosinenkuchen.
Sie feiert mit den Kindern Geburtstag
oder eine neue Schülerin.

Die Tapete
Die Kinder dürfen sich die Tapete aussuchen, die ihnen am besten gefällt. Sie schauen sich das Tapetenbuch an und sprechen darüber. Lena entscheidet sich für eine rosa Tapete mit Herzen und Jan bevorzugt eine mit Autos. Sie gestalten eine Stube z.B. aus Schuhkartons oder Waschmaschinenkartons.

Der Kakadu
Die Kinder sprechen über ihre Probleme und Fragen, die sie bewegen. Sie sprechen auch darüber, wer ihnen zuhört und wer nicht.

Die Tomaten
Die Kinder schmecken die unterschiedlichen Tomaten. Manche sind süß, manche schmecken nach nichts. Wieso ist das so? Manche pflanzen auch Tomaten im Garten oder auf dem Balkon an.

Die Kleidung
Manche Kinder tragen Kleidung vom Flohmarkt und von der Kleiderkammer, manche tragen Markenkleidung.
Die Kinder tauschen sich darüber aus, wo sie mit ihren Eltern die Kleider kaufen.
Sie sagen auch, ob sie tragen können, was sie möchten. Manche Kinder haben Angst, dass ihre Sachen geklaut werden und manche haben Angst gehänselt zu werden.

Die Melone
Es gibt Kinder, die von dem Reichtum des Angebots an Nahrungsmitteln ausgeschlossen sind.
Es gibt Kinder, die nur Bioprodukte essen dürfen und ganz gesund ernährt werden.
Es gibt Kinder, die ohne Frühstück zur Schule kommen und froh sind, wenn es Essen in der Schule gibt.

Die Raupe
Der Schmetterling ist geworden, was er von Anbeginn war.
Er musste eine Metamorphose durchlaufen.
Die Menschen durchlaufen eine psychische Metamorphose.
Jedes Kind fragt sich: „Was wird aus mir?"
Das Lernen läuft der Entwicklung voraus.

Der Mond
Die Kinder singen das Lied: „Der Mond ist aufgegangen".
Sie gestalten ein Bild mit Hilfe von vorgefertigten Bäumen und Sternen. Sie malen ein Bild.
Sie erzählen ihre Erfahrungen vom Mond. Lilli sagt: „Der Mond geht immer mit mir."
Sie träumen davon Astronaut zu werden. Sie schauen sich die Mondlandung an.

Die Schale
Die Kinder schauen sich Töpferwaren aus der Steinzeit im Museum, im Internet oder in Büchern an. Sie töpfern Kunstgegenstände und Haushaltswaren nach.

Die Oma
Die Kinder diskutieren, wie sie über Oma Grete denken. Für Oma Grete steht das Gebot „Wehe dem, der ein Kind kränkt“ über allen anderen Geboten.
Die Kinder sprechen über ihre Erfahrungen. Timo sagt: „Wenn wir bei Frau Manske ein Auto mitnehmen, dann sagt Frau Manske: Das darfst du, wenn du es irgendwann wieder zurückgibst und dann ist das Auto nicht geklaut.“

Die Rakete
Die Kinder diskutieren ihr Wissen über die Eroberung des Weltalls. Sie sprechen auch über den Weltraumschrott. Sie machen sich auch Gedanken, ob die Erde der einzige Planet ist, auf dem es Leben gibt.

Die Schere
Die Kinder sprechen darüber, ob ein Kind ungezogen ist oder ob es zweckmäßig handelt.
Wichtig ist, dass die Eltern immer versuchen ein Kind zu verstehen.

Die Rosen
Der Rosengarten in Planten un Blomen sollte zerstört werden. Die Hamburger haben sich gewehrt.
Sie müssen aufpassen, dass Planten un Blomen erhalten bleibt. Hotels und Parkplätze sollen dort nicht gebaut werden. Planten un Blomen ist für Pflanzen, Vögel, Erwachsene und für Kinder ein Paradies.

Das Lama
Die Kinder besuchen den Zoo.
Sie denken auch an die Tiere und fragen sich, ob es ihnen im Zoo gut geht. Sie interessieren sich dafür, wo die Tiere zu Hause sind.

Das Brot
Die Kinder schmecken die verschiedenen Brotsorten.
Sie lernen die verschiedenen Getreidesorten kennen und den unterschiedlichen Anbau.
Sie diskutieren den Hunger in der Welt.

Der Tod
Die Kinder denken über den Tod nach.
Sie sprechen darüber, dass Angehörige oder Freunde verstorben sind.
Sie wollen wissen, wo die sind.
Jesus hat gesagt: „Jeder Mensch hat nach dem Tod ein Zuhause."

Die Erde und die Indianer
Sie sprechen über die Weisheit der Indianer und ihre Botschaft an alle Menschen.

Die Sonne
Sie machen sich Gedanken über das Wunder der Schöpfung.
Jeder Mensch ist wichtig.
Jeder Mensch hat ein Gewissen.
Die Menschen sollten sich darin unterstützen, ihrem eigenen Gewissen treu zu bleiben.
Das ist nicht einfach.

Die Blaumeisen

Mandy und Kevin stehen auf dem Balkon.
Sie sehen eine Blaumeise.
Sie hat einen Käfer in ihrem Schnabel.
Sie fliegt unter das Dach.
Nach einigen Wochen sitzen fünf
kleine Blaumeisen auf dem Balkon.

Bevor es Winter wird, stellen sie
ein Futterhäuschen auf.
Dort versammeln sich jeden Tag
Spatzen, Meisen, Finken, Stare, Rotkehlchen,
Zaunkönige.
Sie schilpen und zwitschern und pfeifen und
tirilieren.
Sie freuen sich über die vielen verschiedenen
Kerne.

Die Fliegen

June und Stine beobachten zwei Fliegen.
Sie krabbeln auf dem Tisch.

Sie summen durch den Raum.
Sie haben große Augen.

Ihre Flügel sind durchsichtig wie unsere Gardinen.
Sie haben sechs Beine.

Sie können laufen und fliegen.

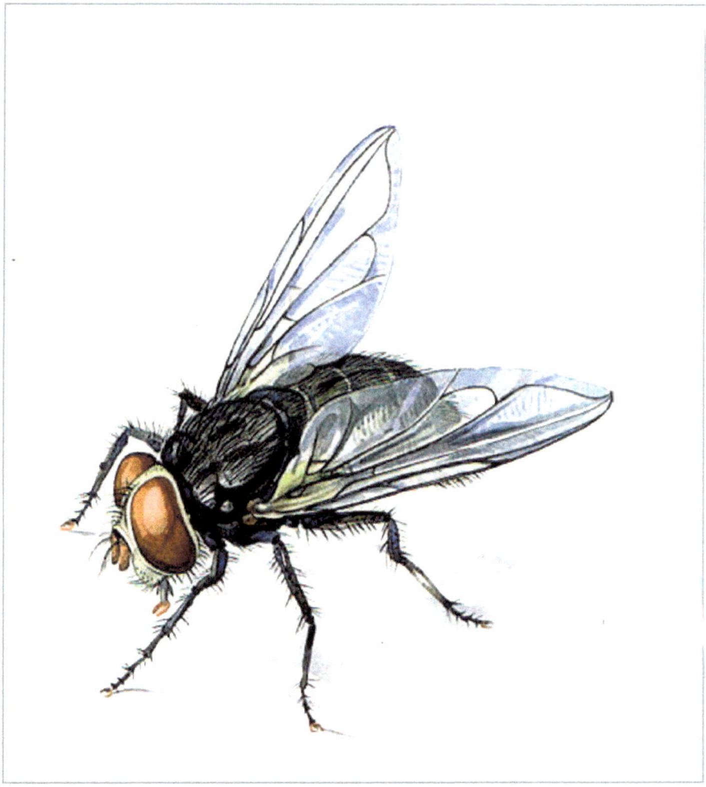

Stine sagt: „Fliegen können wir nicht.“
June sagt: „Mit dem Flugzeug.“

Die Taube

Auf dem Balkon steht eine Taube.

Sie hat rote Füße.
Sie hat graue und blaue Federn.

Sie guckt mich an.

Ich höre ihr zu.
Sie ruft: „Gurr, Gurr."

Die Taube ist ein Zeichen für den Frieden.

Wenn ich auf einem Plakat
eine Taube sehe, weiß ich:

Das Plakat ist für den Frieden.

Für den Frieden in allen Ländern.

3

Die Bananen

Alle Kinder essen gern Bananen.

Die Bananen wachsen in Afrika.
In Afrika haben viele Kinder Hunger.

Ihre Eltern ernten die Bananen auf großen Plantagen.

Die Plantagenbesitzer verkaufen die Bananen in der ganzen Welt.

Sie kommen auf großen Schiffen zu uns.

Wir kaufen die Bananen in kleinen Läden und großen Supermärkten.

Die Kinder spielen den Weg der Bananen.

Robin liest: „ BAAA-NAAA-NEEE“

Josi nimmt die Plastikbanane.
Sie sagt:
„Du denkst, das ist eine Banane.
Das ist keine Banane“

Der Arme und der Reiche

Ein Mensch ist reich.
Ein Mensch ist arm.
Warum ist ein Mensch reich?
Warum ist ein Mensch arm?

„Reicher Mann und armer Mann
standen da und sahn sich an.
Und der Arme sagte bleich:
»Wär ich nicht arm, wärst du nicht reich«."

Bertolt Brecht

Der Arme und der Reiche

Der liebe Gott will abends bei einem reichen Mann einkehren.

Der reiche Mann schickt den lieben Gott weg.

Der arme Mann wohnt im Haus gegenüber.

Er und seine Frau nehmen den lieben Gott freundlich auf.

Sie essen mit dem lieben Gott und wollen, dass er ihr Bett zum Schlafen nimmt.

Der liebe Gott schenkt dem armen Mann ein schönes weißes Haus.

Als der Reiche das schöne weiße Haus sieht, ärgert er sich. Der reiche Mann reitet dem lieben Gott hinterher. Er bittet den lieben Gott, dass er ihm auch einen Wunsch erfüllt. Der liebe Gott sagt: „Du darfst dir drei Dinge wünschen." Der reiche Mann freut sich. Er reitet nach Hause. Sein Pferd buckelt.

Der reiche Mann wünscht sich vor Wut, dass das Pferd tot ist. Nun läuft er mit dem Sattel auf dem Rücken heim.

Er wünscht sich, dass seine Frau, die daheim ist, auf dem Sattel sitzen soll. Zu Hause will er allein über den dritten Wunsch nachdenken, aber er muss seine Frau von dem Sattel erlösen.

Nach dem Märchen der Gebrüder Grimm

Die Rosine

Die Lehrerin hat blaue und grüne Weintrauben,
Korinthen und Rosinen
mitgebracht.

Die Kinder probieren die Weintrauben.
Manche schmecken süß, manche schmecken sauer.
Manche haben Kerne. Manche haben keine Kerne.
Dann dürfen alle Kinder die Rosinen probieren.
Jan fragt: „Wo wachsen denn die Rosinen?“

Er sieht sich eine Rosine an.
Die Rosine ist braun und rund.
Die Rosine schmeckt süß.

Paul sagt:
„Eine Rosine ist eine getrocknete Weintraube.“

Paul, Katja und Anna feiern Geburtstag.

Paul hat das Werden der Korinthen entdeckt.
„ Die Korinthen waren kleine blaue Weintrauben,
echt cool.“

In der Schule stellt die Lehrerin einen
Rosinenkuchen und eine Kerze auf den Tisch.
Sie sagt:
„Ab heute gehört Amal zu uns.
Wir freuen uns, dass
sie den weiten Weg von Syrien zu uns gefunden
hat.“

Amal, das bedeutet Hoffnung.
Hoffnung auf Frieden und Heimat für alle
Menschen.

Die Tapete

Wir haben ein Tapetenbuch ausgeliehen.

Katja sagt zu Sofia und Paul:
„Sucht die Tapete aus, die euch am besten gefällt.“

Sie sehen sich Blatt für Blatt an.

Paul hat die Tapete gefunden, die ihm am besten gefällt.

Sofia tapeziert ihr Puppenhaus nach ihrem Geschmack.

June und Stine gestalten ein Haus für Jasmin und Aladin.

Aladin sagt zu Jasmin:
„Ich möchte dich heiraten.“
Der Affe freut sich auch.

Der Kakadu

Tante Rosi und Onkel Willi haben einen Kakadu.
Er heißt Amadeus.

Er sagt:
„Guten Morgen, das ist die Berliner Luft."
Tante Rosi sagt:
„Guten Morgen Amadeus."
Sie gibt ihm einen Kuss auf den Schnabel.
Onkel Willi singt:
„Das ist die Berliner Luft, Luft, Luft."
Amadeus singt mit:
„Mit dem wunderbaren Duft, Duft, Duft"

Tina ist einsam

Tina sagt zu ihrer Mutter:
„Wenn ich von der Schule komme,
muss ich allein sein.“

Fünf Jahre später erfahre ich,
dass Tina in der Schule
jeden Tag gemobbt wurde
und, dass sie dies
niemandem erzählen konnte.

Die Tomaten

An der Sonnenseite der Hauswand hat
Oma Grete Tomatenpflanzen gepflanzt.

Zuerst bekommen sie kleine weiße Blüten.
Daraus werden runde grüne Beeren.
Die Beeren werden dicker und dicker.
Plötzlich färben sie sich gelb.
Auf einmal sind sie rot.

Auch der Stängel und die Blätter riechen nach
Tomaten.
Oma pflückt die Tomaten ab.
Sie wickelt jede in ein Stück Zeitungspapier.
So halten sie sich bis zum Winter.

Jeden Morgen,
wenn Ulli zur Schule geht,
gibt Oma ihm eine Tomate mit.

Henk malt ein Bild aus und klebt Tomaten in den Korb.

Danach klebt er die Kleidung auf.

Paul hat ein Bild mit Tomaten gestaltet.
Als es fertig ist, erntet er die Tomaten, isst sie und malt sie an die Stängel.

Die Kleidung

Annas Freundin hat Ella zu ihrem Geburtstag eingeladen.

Ella zieht sich hübsch an.

Sie sieht schön aus.

Sie trägt eine grüne Hose,
rote Schuhe und eine gelbe Bluse aus Seide.

Auf der Bluse sind kleine Blumen.

Sie freut sich über
ihre schönen Sachen.

Es gibt einen Spruch:

„Kleider machen Leute.“
Das stimmt.

Sigrids Schuhe

Sigrid weint: „Die Kinder ärgern mich, weil meine Schuhe zu groß sind.“
Sigrids Mutter ist gestorben. Nun lebt sie bei ihrer Tante und ihren Cousinen. Die Schuhe sind von ihrer Cousine.
Ich sage zu Sigrid: „Nach dem Krieg konnte meine Mutter mir keine Schuhe kaufen. Sie hatte das Geld nicht. Es war Spätsommer. Die Kornfelder waren gemäht.
Ich ging mit meinen Schwestern jeden Tag auf das Stoppelfeld, um die Ähren zu sammeln, die der Bauer liegengelassen hatte. Die Ähren brachten wir zum Müller. Wir bekamen dafür Mehl.
Ich dachte: Es bringt Spaß die Ähren zu stoppeln. Nur die Füße taten weh, weil die Strohhalme in die Füße piksten.

Eines Tages sagte meine Mutter:
Nun habe ich endlich Schuhe für dich.
Sie hatte den ganzen Tag bei einem Bauern gearbeitet. Dafür bekam sie die Schuhe, die seiner Tochter nicht mehr passten.
Ich putzte sie mit Opas schwarzer Schuhcreme.
Sie sahen aus wie neu.

Sigrid sagt: „Meine Schuhe passen mir.“

Alle Kinder haben ein Recht auf Schuhe.

Die Melone

Die Lehrerin hat heute eine Melone mitgebracht.

Sie fragt: „Wisst ihr, wie diese Frucht heißt?“
Mandy sagt: „Mama kauft das nicht.“
Lena sagt: „Das ist eine Honigmelone.“
Mandy sagt: „Die sieht so aus, als ob sie bestimmt teuer ist.“
Alle Kinder probieren ein Stück.
Die Melone schmeckt süß. Sie ist frisch und saftig.
Mandy sagt das Wort:
„Honigmelone“
zum ersten Mal in ihrem Leben.

Karli füttert die Puppe mit Melonen.
Er „isst“, was er möchte.

Die Raupe

Auf dem Weißkohl sitzt eine Raupe.
Sie frisst den Kohl.

Nach acht Wochen
ist die Raupe verschwunden.
Wo ist sie?

Sie hat sich in die Erde verkrochen.
Sie ist eine Puppe geworden.

Nach drei Wochen
sitzt auf einer Distel ein weißer Schmetterling.

Der Schmetterling hat
auf seinen Flügeln schwarze Punkte.

Es ist ein Kohlweißling.
Er legt das Ei, aus dem die neue Raupe schlüpft.

Wenn wir eine Raupe sehen, dann wissen wir, dass
sie sich verpuppt und ein Schmetterling wird.

Timo, zehn Jahre, fragt:

„Was wird aus mir?“

Timo war vier Jahre auf der Schule für Seelenpflege bedürftige Kinder.
Er hatte noch nie ein Diktat geschrieben. Er konnte die Aufgabe 7+?=10 nicht lösen.
Das war vor zwanzig Jahren.
Er hat seinen Master in Medienwissenschaften mit sehr gut bestanden.
Seit vier Wochen hat er seinen Traumjob.

Der Psychologe L. Vygotskij denkt:
„Es liegt in unseren Händen, ob ein Kind lernt und sich entwickelt.“

Jedes Kind sollte **glücklich** zur Schule gehen.
Es darf lernen, was es lernen möchte.
Der Lehrer hilft ihm dabei.

Saint Exupéry schreibt:

„Ich beugte mich über die glatte Stirn, die feingeschwungenen Lippen und sah, das ist ein Musikerkopf – das ist Mozart als Kind, eine herrliche Verheißung an das Leben.

Das Kind Mozart wird wie alle anderen vom Hammer zerbeult."

Fine, zwölf Jahre, hat das Downsyndrom. Sie sagt:
„Christel, als ich geboren wurde,
da war mein Leben schon zu Ende.
Sag das nicht meiner Mama.
Die ist schon so traurig, dass sie mich hat."

Nele, acht Jahre, sagt:
„Mama hat geweint.
Sie wünschte sich ein Mädchen.
Ein Mädchen bin ich.
Aber mit Downsyndrom.
Das wollte Mama nicht."

Der Mond

Der Mond ist aufgegangen.
Die goldenen Sternlein prangen
am Himmel hell und klar.

Der Wald steht schwarz und schweiget,
und aus den Wiesen steiget
der weiße Nebel wunderbar.

Seht ihr den Mond dort stehen,
er ist nur halb zu sehen
und ist doch rund und schön.

So sind wohl manche Sachen,
die wir getrost belachen,
weil unsere Augen sie nicht sehn.

Matthias Claudius

Mutterstern und Vaterstern

Ich lese ein Buch.
Das Buch ist von einem Stern.
Der Stern lebt im Himmel.

Da kam ein Mutterstern.
Und da kam ein Vaterstern.

Der Stern sagt: „Hallo“ zur Mutter.
Er sagt zum Vater:
„Du bist ein großer Freund.
Guten Tag.“
Der Vater sagt: „Guten Morgen.“

Und draußen scheint die Sonne.

Der Mond schläft.

Lena 9 Jahre

Die Schale

Rosi lernt in der Schule
eine Schale zu töpfern.

Zuerst hat sie einen Klumpen Ton
auf die Töpferscheibe gesetzt.

Dann hat sie die Scheibe
mit den Füßen gedreht.

Aus dem Klumpen Ton
hat sie die Schale geformt.

Sie schaut die Schale an und denkt:

„Diese Schale ist von mir.
Die Schale zeigt mir, was ich kann.“

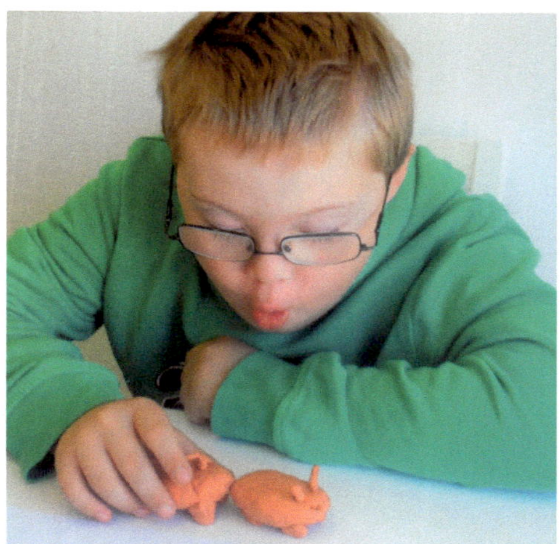

Sofia und Mads töpfern.

Die Oma

Eben hat Oma gemerkt,
dass Geld aus ihrem Portemonnaie fehlt:
Sie zählt noch einmal nach.
Es fehlen zwei Euro.

Da kommt Frau Fischer mit Uli an der Hand.
Sie fragt Oma:
„Fehlt Ihnen Geld?
Ich habe eben Uli gesehen,
wie er ihre Tasche in der Hand hatte.“

Oma sagt:
„Nein, es fehlt nichts.
Uli nimmt mir oft die schwere Tasche ab!“
Uli nimmt die Tasche und trägt sie
für Oma die Treppe hoch.
Dann sagt Oma zu Uli:
„Danke Uli. Siehst Du, jetzt hast Du die zwei Euro
doch verdient!“

Das Ei

Der Krieg war vorbei.
Wir waren elf Personen.
Gott sei Dank hatten wir den ganzen Sommer
Fliederbeeren gepflückt.
Es gab jeden Abend entweder
Fliederbeersuppe mit Klümpern
oder Bratkartoffeln.
Mir schmeckte beides.

Oma Grete hatte mir die kleine Milchkanne
gegeben.
„ Hol schnell Wasser.
Opa kommt gleich von der Arbeit.
Dann trinkt er immer seinen Tee."
Ich lief die Treppe herunter.
Ich hörte das Huhn kakeln.

Ich wusste, dass es nun ein Ei gelegt hatte.
Ich lief schnell
in den Hühnerstall.
Nahm das Ei aus dem Nest.
Legte es in die Kanne.
Dann schnell zur Pumpe und Wasser drauf.

Die Bäuerin stand neben mir:
„Hab ich dich erwischt,
du kleine Diebin.
Ich lief schnell die Treppe hoch.
„Oma, ich hab ein Ei
für die Bratkartoffeln.
Die Bäuerin hat mich erwischt.“

Oma sagt:
„Das Ei hat das Huhn
für uns gelegt.
Darum hat es so laut gekakelt,
damit du es abholst.
Unser Ei kommt jetzt
auf die Bratkartoffeln.“

Ein Ei für elf Personen.
Jesus hätte daraus bestimmt
11 Eier gemacht.

Die Rakete

Ich sehe Nachrichten im Fernsehen.

Ich sehe, wie eine Rakete abhebt.
Die Leute von der Bodenstation freuen sich.
Der Start ist geglückt.
Die Rakete fliegt in das Weltall.
Keine Rakete kommt zurück.

Luka und Willi sind
auf dem Mond gelandet.

Alex umkreist den Mond.
Er nimmt sie mit zurück zur Erde.

Sie möchten Astronauten werden.

Die Schere

Ole sieht, dass seine
Mama für seine Schwester Renate
einen Rock näht.

Seine Mama näht immer nur Röcke.

Ole nimmt eine Schere und
schneidet
den Rock kaputt.

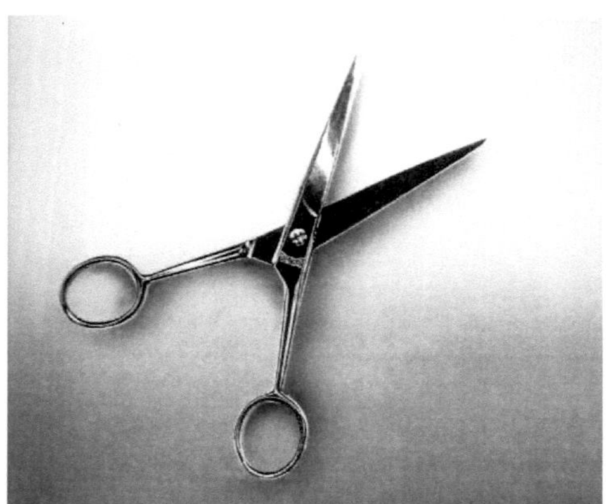

Sie versteht Ole.

Sie näht für ihn eine Latzhose
mit einem Krokodil.

Wenn Ole den
weißen Reißverschluss aufmacht,
macht das Krokodil
sein Maul auf.

Die Rosen

Wenn ich das Wort Rose höre, dann
denke ich an Geburtstag.

Ich erinnere ihren Duft.
Ich sehe ihre Blüten.
Ich fühle ihre Dornen.

Ich freue mich auf den Sommer mit den schönen
Rosenhecken.

Schnee auf den Rosen

Es hat auf die Rosen geschneit.
Die Rosen sterben im Schnee.
Will sehn, dass ich Winter und Zeit
überblüh und übersteh.

Eva Strittmatter (1930 – 2011)

Der Rosengarten in Planten un Blomen in Hamburg.

In Planten un Blomen werden Parkplätze gebaut.

Das Lama

Heute besucht Lilli mit Oma Grete und Opa Emil den Zoo.
Sie stehen vor dem Lama.

Opa sagt: „Das Lama ist ein kleines Kamel.
Es lebt in Südamerika.

Die Indianer halten das Lama als Haustier in kleinen Herden.

Die männlichen Lamas tragen schwere Lasten.
Die weiblichen Lamas werden geschoren.

Aus der Lamawolle
stricken die Indianerfrauen Mützen, Pullover,
Schals und Strümpfe,
die wir in den Läden der dritten Welt kaufen können."

Auf dem Schild im Zoo steht:

Vorsicht!
Lamas spucken.

Was sollen die Lamas denn sonst im Zoo tun?

Julia spielt den Besuch im Zoo.

Das Brot

Es gibt viele Sorten Brot.

Es gibt weißes Brot.
Es gibt graues Brot und
schwarzes Vollkornbrot.

Es gibt Brot aus biologischem Anbau.

In der Kirche hängt ein Plakat.
Auf dem Plakat steht:

Brot für die Welt.

Der Tod

Das Leben ist eine Reise.

Jede Reise hat ein Ziel.

Der Tod ist nicht das Ende der Reise.

Der Tod ist die Ankunft.

Finn gestaltet
das Fallen der Blätter
zu einem schönen
Herbstbild.

Nelli sagt:
„Ich heiße Nelli Engel.“
Mein Opa
ist ein Engel.“

Paul sagt:
„Mein Opa ist tot.

Mein Opa kommt
nicht mehr.

Opa ist weg.
Ich weiß auch nicht,
wo Opa ist.“

Herbst

Die Blätter fallen,
fallen wie von weit,
als welkte in den Himmeln
ferne Gärten.

Und doch ist Einer,
welcher dieses Fallen
unendlich sanft
in seinen Händen hält.

Johann Wolfgang von Goethe

Die Kinder kleben die Blätter,
die sie gesammelt und
gepresst haben, auf.

Die Erde und die Indianer

„Wir wissen, dass der weiße Mann unsere Art nicht versteht. Sein Hunger wird die Erde verschlingen und nichts zurücklassen als eine Wüste.“

Erst wenn der letzte Baum gerodet,
der letzte Fluss vergiftet,
der letzte Fisch gefangen ist,
werdet ihr feststellen,
dass man Geld nicht essen kann.

Weisheit der Cree-Indianer

Der Regenwald

„Die Erde ist unsere Mutter,

denn das wissen wir:

Die Erde gehört nicht den Menschen.

Der Mensch gehört zur Erde.

Alles ist miteinander verbunden.

Die Erde verletzen, heißt,

ihren Schöpfer verachten.“

Aus der Rede des Häuptlings Seattle
an den Präsidenten der USA im Jahre 1855

Die Sonne

Ohne Sonne gibt es kein Leben auf der Erde.

Die Kinder singen:

Liebe, liebe Sonne,
komm ein bisschen runter,
lass den Regen oben,
dann wollen wir dich loben.
Einer schließt den Himmel auf,
kommt die liebe Sonne raus.

Erich Colberg

Der Philosoph Immanuel Kant sagt:

„Es gibt zwei Dinge, die mich mit staunender Bewunderung erfüllen:

der bestirnte Himmel über mir, und
das moralische Gesetz in mir."

Immanuel Kant

Enrico, 12 Jahre, beteiligt sich nicht am Geschichtsunterricht.
Er geht auf ein christliches Gymnasium.
Er hat in Geschichte im Zeugnis nur ein ausreichend.
Er erklärt: „Ich habe meinen christlichen Glauben.
Ich habe mit den Kreuzzügen nichts zu tun."

„Hast du darüber mit deiner Lehrerin gesprochen?"
„Die darf das doch gar nicht wissen, dann gibt sie mir noch eine fünf."

PD Dr. med Hans Kowerk

Dr. Christel Manske

Claudia Lübbke

Anna Höppner

Telma Sena Selma Neu

Lyn Petersen

Christel Manske bei Lehmanns media
Inklusiver Lese- und Schreibunterricht

DVD

Inklusiver Mathematikunterricht

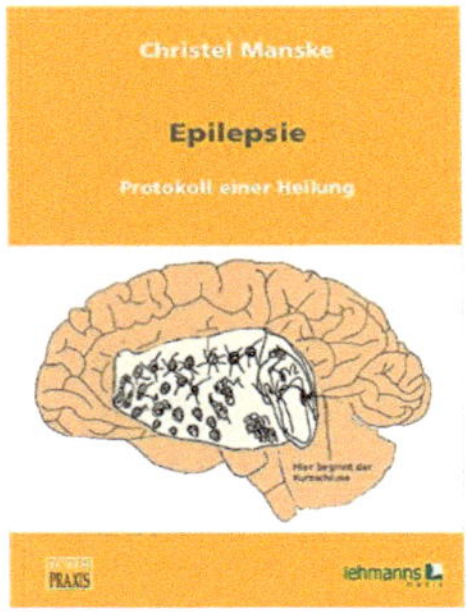

Inklusiver Sachkundeunterricht bei Lehmanns media und Westermann